YOGA

Yoga: Antigua Sabiduría

Para Tu Yoga

Publicado por Robert Corbin

@ Ona Solorio

Yoga: Antigua Sabiduría Para Tu Yoga

Todos los derechos reservados

ISBN 978-87-94477-84-0

TABLE OF CONTENTS

Capítulo 1 1

Introducción: La Astrología Y La Cosmovisión Cristiana ... 1

Capítulo 2 6

¿Qué Es El Yoga? 6

Capítulo 3 17

La Vida Humana Un Regalo Precioso 17

Capítulo 4 32

La Relajación 32

- Una Necesidad Física, Psíquica Y Espiritual - 32

Capitulo 5 53

Ramas Del Yoga 53

Capítulo 6 60

Comenzando Con El Yoga 60

Capítulo 7 71

Dimensiones Del Ser Humano 71

Capítulo 8 74

4 Estados Durante Una Sesión De Yoga 74

Capítulo 9 77

Las Técnicas 77

Capítulo 10 83

Conceptos Básicos Del Yoga Para Principiantes 83

Capítulo 11 89

Cualidades De Los Chakras 89

Centro Raíz 89

Asentado En La Base De La Columna Vertebral. 89

Capítulo 1

Introducción: la astrología y la cosmovisión cristiana

Preparando el escenario

Astrología: un término que invoca fascinación para algunos, escepticismo para otros y desprecio absoluto para un grupo particular de individuos: los creyentes cristianos comprometidos. La idea de que los cuerpos celestes como las estrellas y los planetas puedan influir en los acontecimientos de nuestra vida e incluso en los rasgos de carácter parece tentadora. Para muchos, ofrece un marco para comprenderse a sí mismos y a los demás, predecir sucesos futuros y, quizás lo más intrigante, explorar el reino de lo misterioso y lo divino. Pero, ¿qué sucede cuando estas creencias milenarias se enfrentan cara a cara con la cosmovisión judeocristiana? Resulta que el encuentro plantea cuestiones importantes tanto para la teología como para la investigación racional.

Astrología: una breve descripción

Antes de profundizar en los argumentos teológicos, éticos y científicos contra la astrología, es importante comprender qué pretende ser la astrología. La astrología es el estudio de la influencia que tienen los cuerpos celestes en los asuntos humanos y los fenómenos naturales. Este campo se divide principalmente en múltiples ramas como la astrología natal, que se ocupa de los horóscopos individuales, y la astrología mundana, que se ocupa del destino de las naciones y del mundo. En esencia, la astrología afirma que las posiciones y movimientos de los objetos celestes pueden tener una influencia directa en nuestras vidas, incluidas nuestras personalidades, relaciones e incluso nuestros destinos.

Cimientos incompatibles

A primera vista, la astrología parece una forma inofensiva, incluso entretenida, de obtener información sobre la vida y el futuro de uno. Sin embargo, desde una perspectiva cristiana, la astrología representa una cosmovisión fundamentalmente en desacuerdo con las enseñanzas bíblicas. El cristianismo enfatiza la soberanía de Dios, la libertad de la voluntad humana y la dignidad inherente del individuo, todos conceptos que las creencias astrológicas distorsionan, si no contradicen abiertamente.

La astrología implica un marco determinista donde la vida humana está a merced de entidades celestiales, negando el concepto de libre albedrío. Además, elude la importancia singular de Dios como causa última y sustentador del universo, optando en cambio por una perspectiva más politeísta o panteísta donde los planetas y las estrellas están imbuidos de atributos divinos.

Un caso para el escrutinio

Se podría argumentar que la astrología es benigna y puede coexistir con las creencias cristianas, sirviendo simplemente como una guía complementaria. Este punto de vista, aunque aparentemente tolerante, pasa por alto las inconsistencias profundamente arraigadas entre los dos sistemas. Además, pasa por alto el llamado cristiano a "probarlo todo; retener lo bueno" (1 Tesalonicenses 5:21, NVI). Como seguidores de Cristo, no sólo debemos defender nuestra fe, sino también examinar las ideologías y creencias que se desvían de las verdades bíblicas. Esta vigilancia sirve como impulso para este libro.

Plano del libro

A medida que nos embarcamos en este viaje crítico a través de los capítulos siguientes, exploraremos la historia, las afirmaciones y el atractivo de la astrología. Los enfrentaremos a los principios de la ciencia, la lógica y la doctrina cristiana, para separar los hechos de la ficción y la verdad del engaño. Este libro no es un ataque a quienes creen en la astrología, sino más bien un llamado a considerar el peso de la evidencia y las implicaciones de adherirse a un sistema de creencias que no sólo es teológicamente problemático sino también científicamente infundado.

Al final de este discurso, el objetivo es proporcionar una sólida respuesta apologética cristiana a la astrología, armando a los creyentes con las herramientas necesarias para entablar un diálogo significativo sobre este tema.

Capítulo 2

¿QUÉ ES EL YOGA?

En este capítulo veremos primeramente el yoga desde el punto de vista académico, describiendo sus orígenes, su contexto y sus particularidades filosóficas generales. Pero enseguida dejaremos este punto de vista formal para explicar en qué se basa el yoga y su verdadero objetivo.

El yoga es una de las escuelas principales de la filosofía hindú o *Dárshanas*. El hinduismo, que es la religión más antigua y abierta del mundo (con más de 3.000 dioses), y cuyos orígenes se pierden en el inicio de la historia de la humanidad, conforma una cosmovisión muy particular y rica en atributos, tanto teóricos como prácticos. Esta sabiduría fue transmitida primeramente de forma oral, y más tarde, hace unos 3.500 años, empezó a registrarse de forma escrita en los textos conocidos como Vedas. A fecha de hoy, quedan únicamente 6 escuelas principales de la filosofía, las llamadas *Dárshanas*: *Vedanta, Mimansa, Nyaya, Vaishesika, Samkhya* y *Yoga*.

Aunque el tema que nos va a ocupar en este libro es el yoga, para entenderlo bien será necesario que remarquemos algunos puntos de vista de las otras *Dárshanas* porque, como comprobaremos, a lo largo de los siglos se nutrieron unas de otras de forma recíproca. Por poner un ejemplo, el *Samkhya* es un sistema dualista que comparte gran parte de su mundo filosófico, y su peculiar clasificación de éste, con el yoga; por otra parte, el *Vedanta Advaita,* es otra escuela, pero no dualista que actualmente influye cada vez más en la parte filosófica del yoga, y en un tipo de yoga en concreto, el *Jñana Yoga*. Por ejemplo, en los *Sutras* de Patanjali, el autor, que fue el padre del yoga (*Hatha* y *Raja Yoga*), o por lo menos uno de los grandes maestros del yoga, parte de una posición dualista, pero a medida que desarrolla su método de 8 pasos (*Ashtanga*), termina en un punto de vista no-dual, como el *Vedanta Advaita*. Pero aún no nos adentremos por estos caminos, no nos adelantemos.

Los orígenes del yoga son verdaderamente antiguos. Hay hipótesis que datan algunos sellos y grabados en 3500 años de antigüedad, como la imagen del *Shiva* en posición de meditación. Es una filosofía antigua, y la referencia escrita más arcaica que se ha encontrado sobre el Yoga es, según Ahirbudhnya, el *Hiranyagarbha*, que fue el personaje que reveló la totalidad del Yoga en el *Nirodha Samhita* y en *Karma Samhita*. De hecho, antes de la aparición de Patanjali, el padre del *Raja Yoga* (que acabamos de mencionar) y de quien se piensa es del mismo linaje que

Hiranyagarbha, el yoga recibía el nombre de *hiranyagarbha yoga darshana,*

Realmente no se sabe si *Hiranyagarbha* existió de verdad o es un conjunto de enseñanzas de personajes y sabios que se aglutinó en una imagen de deidad. Lo que sí es cierto es que aparece en textos antiguos como el *Rig Veda* (1.500 a. C.) o en el *Mahabharata*.

Fig. 1. [1]

El primer escrito del yoga (nos referimos al *Raja Yoga* que, junto con la influencia del *Samkhya* y el *Tantra* evolucionó hacia el *Hatha Yoga*) es el libro de los *Sutras* de Patanjali. Un libro escueto y de significado comprimido que, mediante la técnica literaria del aforismo, explica qué

es el yoga y desarrolla los 8 pasos o miembros del yoga [2], que se explicarán más adelante. En *el Raja*

Yoga y sobre todo en el *Hatha Yoga* se describen ejercicios físicos (*asanas*), ejercicios de concentración y de meditación, movimientos del *Prana* (*pranayamas*) e incluso elementos relacionados con la acción o el conocimiento.

Estas prácticas se nutren de textos extraídos del *Bhagavad-Gita*, el *Yoga-Darshana-Upanishad* y finalmente del *Hatha-Yoga-Pradipika*, en el caso del *Hatha Yoga*. Pero como veremos más adelante, el *Hatha Yoga* es únicamente solo un tipo de yoga más, aunque está muy extendido en occidente.

El yoga no debe entenderse como algo fijo e inamovible, al contrario, va evolucionando y, desde hace 3000 años o más, sigue asimilando la sabiduría propia de las experiencias obtenidas mediante ejercicios dirigidos al control de los sentidos y la mente. A medida que las influencias del tipo que sean evolucionan, el yoga también lo hace. Por ejemplo, jainistas y budistas asimilaron elementos del yoga en su práctica, pero estos a la vez también aportaron su rica experiencia, y así del budismo se adquirieron técnicas de meditación muy detalladas descritas en los textos de yoga.

Una vez el *Raja Yoga* fue definido gracias a Patanjali, los *Upanishad* y al *Bhagavad-Gita*, empezó a empaparse de la influencia de un movimiento espiritual muy antiguo: el tantrismo. El tantrismo tiene dos vertientes: la de "la mano derecha" que sigue la vía de iluminación mediante una práctica sexual sublime y la vertiente de "la mano izquierda" cuya herramienta principal ya no es el sexo. Fue la vertiente de "la mano izquierda" la que influyo en el yoga que hoy conocemos, dando más importancia al cuerpo y desarrollando una cosmovisión energética relacionada con las tendencias opuestas y su equilibrio (*Ida* y *Pingala*). Para el tantrismo, el cuerpo es el instrumento con el que se trabaja y este se reconoce como un templo el cual debe cuidarse y mantenerse sano y resplandeciente, a partir de ahí se desarrollan diferentes técnicas corporales, las asanas. Desde la influencia de la "mano izquierda" del tantra, se desarrolló un yoga centrado en una faceta más corporal y energética, el yoga que hoy conocemos como *Hatha Yoga*.

En los últimos siglos, en la época colonial de la India, el yoga volvió a verse influenciado por otras disciplinas que estaban en apogeo en aquel entonces, como la gimnasia sueca o, posteriormente, el culturismo inglés. Por tanto, hay que ver el yoga como una disciplina dinámica que se adapta a cada periodo histórico y que, sin perder su punto de vista principal, trata de adecuar sus prácticas a las personas de una determinada época.

El yoga, desde el punto de vista social, tuvo un carácter transgresor, ya que, desde sus orígenes, fue la forma de eludir toda la presión ejercida por la jerarquía *brahmanica*. Fue el conjunto de técnicas que se utilizaban paralelamente a los rituales *brahmánicos* descritos en los *Vedas*. El yoga fue la herramienta mediante la cual las diferentes castas o géneros o grupos marginados podían practicar sin la necesidad de los altos estratos jerárquicos eclesiásticos, y dar así una dirección a sus inquietudes religiosas. Fruto de este aspecto social, se asoció el yoga a grupos marginales, grupos peligrosos o ascetas guerreros; en general grupos mal vistos por las clases sociales altas y dominantes de la época.

Sigamos describiendo el yoga un poco más desde el punto de vista social e histórico. En el siglo XIX, en pleno colonialismo británico, el yoga aun perdió más prestigio. Fue visto por los ingleses como una molestia que alteraba el orden establecido y que no coincidía ni con el firme orden de castas que sustentaba la religión y legitimaba el orden social, ni con el pensamiento científico materialista y atomista que asumía un rol cada vez más importante en la sociedad de la época (aún no se había descubierto la física cuántica). A los yoguis se les tachó de charlatanes, magos o contorsionistas, fumadores de marihuana y asociados a guerreros, y no fue hasta mediados del siglo XIX, cuando empezó a cambiar la forma en la que se apreciaba el yoga.

Este cambio, esta nueva forma ahora positiva de ver el yoga se debió al interés de las clases altas indias en reconstruir un sentimiento nacionalista indio fuerte que hiciera frente a los ingleses. De ese modo, el yoga se convirtió en un aglutinante de las diferentes "tribus" del subcontinente. Para ayudar a recuperar el valor nacional el yoga tuvo que tamizarse, deshacerse de la imagen de superchería y de espectáculo circense, para dejar únicamente lo valioso y auténtico, y volver así a presumir del prestigio que tenía hacía 10 siglos, pero, por supuesto, adaptado a un contexto nuevo.

Surgieron yoguis que llevaron el yoga a occidente, personajes como Vivekananda o Yogananda fueron los primeros en saber transmitirlo de una forma más comprensible. Sus discursos sobre el sistema nervioso, la energía y la concentración, así como la experiencia *Samadhi*, o el misterio incomprensible de *Brahman o Purusha*, despertaron el asombro y la curiosidad de los occidentales. Para seguir dándole más valor, y frente al interés creciente en las sociedades occidentales, se empezaron a traducir obras del sanscrito al inglés, al alemán y otras lenguas (algunas traducciones con muy mal acierto). Esto avivó un nuevo interés intelectual y espiritual que recorrió el mundo. Incluso en las sociedades británicas populares e intelectuales de la época tuvo un efecto edulcorante frente al agrio proceso descolonizador. Así que, socialmente hablando, el yoga fue un agente igualador de castas y sexos, a la vez que sirvió de elemento tradicional, utilizado como estandarte para desarrollar el sentimiento nacionalista y anticolonialista.

CAPÍTULO 3

La Vida Humana Un Regalo Precioso

La vida humana es un regalo precioso y una bendición única concedida a nosotros por la naturaleza. El cuerpo humano no tiene parangón en toda la creación, no hay otra forma de vida que está habitada por una conciencia similar, el corazón, la mente y el intelecto. Mientras otras especies como los leones o los leopardos son tan hermosos, no son conscientes de su propia belleza. Por el contrario, la peculiaridad de la inteligencia humana es que, incluso si la persona no es físicamente hermosa, todavía puede entender con el oso".`

Las Posibilidades Infinitas de Evolución

Otros seres vivos tienen un cuerpo que está controlado por la naturaleza, pero el ser humano está dotado con un cuerpo que tienpor la naturaleza, pero el ser humano está dotado con un cuerpo que tiene inteligencia, el mayor de todos los dones. Si comparamos las partes del cuerpo humano - la cabeza, los extremidades, la cara, etcétera. con las de los animales, veremos que esas partes de sus cuerpo son más atractivas y bellas que las del cuerpo humano. Pero si comparamos la inteligencia humana con la de cualquier otra criatura, decididamente el ser humano es muy superior, desarrollado e incomparable. Hay infinitas posibilidades de evolución en los seres humanos, que no son posibles en todos los seres vivos. En contexto de desarrollo, desde el momento de su nacimiento hasta su muerte, los animales siguen siendo animales.

Un bebé recién nacido de un ser humano es débil, dependiente e indefenso. Le lleva nueve meses para que pueda sentarse, dos años para mantenerse erguido, y más tiempo para empezar a hablar, mientras que la descendencia de una vaca o un ciervo se coloca en sus pies en el segundo, el tercero, el cuarto o el séptimo día después del nacimiento, de hecho, aproximadamente el décimo día se pone en marcha. En otras palabras, parece que los parámetros físicos se desarrollan más rápidamente y de forma instantánea en los animales que en los humanos, pero la posibilidad de recibir una educación básica, la capacidad de aprender y pensar que está presente en los seres humanos carece de otros seres vivos. El intelecto de los otros seres vivos puede desarrollarse en un período de tiempo, pero el avance intelectual que es posible en el ser humano carece por completo en otras criaturas.

Un tigre nace un tigre y muere un tigre. Un hombre nace como un hombre, pero puede morir un santo. El cuerpo humano es realmente una maravilla de la ingeniería superior, nuestro cerebro es tal que ningún ordenador hecho por el hombre nunca puede aspirar a competir con él y descifrar sus complejidades. El hombre es la única criatura que tiene inteligencia para aspirar y tocar las alturas de divinidad mediante la expansión de su conciencia. Él puede darse cuenta de la divinidad en sí mismo. Se puede realizar el creador que ha creado a él y a todo el universo. Esta realización no es posible para cualquier otro ser porque la mente y el intelecto humanos son únicos y no presentes en cualquier otro ser viviente.

Ahora la pregunta que surge es: ¿El hombre entiende y reconoce su singularidad? ¿Se da cuenta de que es un ser sin parangón? ¿Utiliza su cuerpo en una manera sana y sin ningún daño? ¿O está destruyendo su vida por una vida indisciplinada? Los animales mueren más a menudo debido a la lesión que de cualquier otra enfermedad - los animales más fuertes matan y devoran a los más débiles. La posibilidad de la muerte de un animal de una dolencia es muy inferior. No me refiero a esos animales que son criados en la ciudad o domesticados. Los animales que viven en la selva y juegan en un entorno natural, suelen ser matados o mueren de las heridas y lesiones infligidas por otros animales y no a causa de la enfermedad. Podemos concluir que los animales mueren de muerte natural, porque ser matado o devorado por un animal más grande es el orden de la naturaleza - no es ni inusual ni antinatural. Pero es extraño que los seres humanos estén muriendo menos debido a la muerte natural y más a causa de enfermedades auto-infligidas.

¿Por qué vivir mucho tiempo?

Algunos yoguis creen que el cuerpo humano puede vivir durante quinientos años, pero normalmente no solemos ver ni oír de alguien que ha vivido durante quinientos años - parece imposible. Alrededor de la edad de cuarenta y cinco, un hombre empieza a sentirse viejo, y después de cincuenta y cinco años, siente que ya tiene un pie en la tumba. En comparación con épocas anteriores, en estos días la esperanza de la vida del hombre ha aumentado - ahora vive más tiempo. Las instalaciones médicas y la disponibilidad de medicamentos han mejorado, lo que lleva a una mayor esperanza de vida. Pero si decimos que el promedio de vida ha aumentado, sería discutible.

- Sorprendentemente, la edad promedia del
- hombre en este época debe ser 120 años.
- ¿Qué nos dice esto acerca de nosotros mismos cuando
- la edad promedia de un ser humano hoy en día no es más
- que alrededor de 50 años?

Algunas personas sienten que la esperanza media de vida ha aumentado, lo que antes solía ser 45 a 50 años ahora es de 70 años. Pero comparando con la edad de 500 años que es lo que solía ser, es difícil decir el significativo aumento actual. Si el logro de la edad de 500 años es un salto cuántico, vamos a reducir esta cifra a 250, y en relación con 200, y todavía más a 150 años. Ahora, ¿cuánto tiempo te gustaría vivir?

Hay un sloka védica muy hermosa que dice que el rishi despierta en Brahmamuhurta, y después del baño, llevando agua en sus manos, espera que el Sol salga para que pueda dar sus saludos - por lo tanto un Rishi se beneficia de los primeros rayos del sol naciente. Con una mente pura, cuando se adora el sol y le ofrece agua, reza: "Que pueda vivir yo cien años a partir de hoy." Repita este oración todos los días, no importa la edad que tiene - 40, 60, 70, 90 o incluso 100 años! Por lo tanto, se está creando una voluntad decidida y fortaleciéndolo todos los días.

Esta determinación no es debido al apego con el cuerpo físico o lazos mentales con la familia, ni es el resultado de la servidumbre a la casa y la oficina. Esta oración de un Rishi, esta determinación de buscar una vida larga es con el fin de proseguir el viaje espiritual y ascender la cima de la conciencia. Es un viaje largo y arduo. Ahora, con un cuerpo sano, la presencia de los padres justos, y la orientación de un maestro realizado, uno puede iniciar este camino espiritual, pero necesita tiempo para perseguir hasta que se alcanza la meta. Si una persona muere joven o se enferma, no va a ser capaz de progresar en este camino, y lo más importante es que la búsqueda de la "verdad" lleva su tiempo - no se puede lograr en un día. ¡La búsqueda de la "verdad" es más que un día de trabajo!

La Búsqueda necesita su tiempo

Usted asiste a un discurso espiritual y aprende que hay algo llamado samadhi. Pero, ¿samadhi puede ser alcanzada en un día? Usted escucha a la sabiduría y aprende sobre el atman y Paramatma. Pero, ¿estas definiciones son suficientes para usted? La búsqueda requiere tiempo, la austeridad necesita tiempo, y lo mismo ocurre con cualquier práctica espiritual. Uno necesita tiempo para conocer y entender su propia mente y su propio cuerpo. Por lo tanto, estas palabras de Baba Sheikh Farid son muy apropiadas para sumarlo:

La mitad de la vida esta despilfarrada en devorar las cosas de este mundo transitorio
Y la otra mitad en el sueño
El Todopoderoso le preguntará
¿Qué propósito más alto lograste?

Usted ha desperdiciado la mitad de su vida en ganar dinero y la otra mitad en disfrutar de sus beneficios. ¿Pero cuál era el propósito de su vida en la tierra? ¿Era sólo para construir una casa de ladrillo y mortero? ¿Para acumular riqueza de bienes materiales y dinero? ¿Para recoger los metales como el oro y la plata que considera preciosos? ¿Entiende el propósito de su existencia? ¿Es usted consciente de ello? ¿Tiene algún conocimiento del tema? El rishi reza todos los días, "O Dios de Sol! Que yo pueda vivir cien años a partir de hoy. "¿Por qué hace esto? ¿Para qué? Lo hace porque el sol es la fuente de luz y energía. Esta tierra existe debido a la existencia del sol. Es la existencia del sol que sostiene nuestro cuerpo, da vida a toda la vegetación, los granos, las frutas y las flores, la vida vegetal y los animales dependen del sol, el día y la noche, la vida y la muerte dependen del sol. Si el sol para de existir, toda vida que conocemos en esta planeta dejara de existir.

La vida humana, la existencia humana depende totalmente del sol. Su cuerpo funciona debido al sol y su mente funciona debido a la luna. La creciente y menguante de la luna afecta a la mente humana. Después de la noche de la luna llena, la luna menguante se inicia. Los filósofos y pensadores han observado que a medida que la luna mengua, aumenta la depresión, la tristeza, la preocupación, la locura y la confusión en la mente humana. Se ha observado en todo el mundo, que a medida que la luna llena comienza a acercarse, la inquietud de los pacientes psiquiátricos aumenta. La Luna causa las mareas altas y bajas e incluso maremotos en el mar. En una noche de luna llena, la amplitud de la marea es la más grande. Si la luna puede causar ondas de marea en el mar, lo cual puede causar la tormenta, tenga cuidado porque su cuerpo también está compuesto por 70% de agua. ¿Si los rayos de la luna tienen un impacto tan profundo en el mar, no van a tener ningún efecto sobre su cuerpo?

Despertándose en *Brahmamuhurta*

Esta dicho que la luna es la deidad de la mente, y el sol del cuerpo. Para mantener el cuerpo libre de enfermedad, la oración por la buena salud está dirigida al sol porque el sol está estrechamente relacionado con el cuerpo humano. Por lo tanto, los rishis sugieren que uno debe saludar al sol - el gobernante del cuerpo - incluso antes de que se levante. Piense en esto: ¿Si usted tiene un negocio o trabajo en algún lugar y su oficial superior viene a visitar a su oficina, estará ausente ese día? Permítanme ponerlo de otra manera. ¿Si ha invitado a su venerado maestro a su casa, es posible que usted no esté presente para darle la bienvenida? Al igual que el empleado se prepara para la visita de su jefe, de la misma manera, debemos estar preparados con anticipación para felicitar al sol que es el maestro de nuestro cuerpo - debemos levantarnos antes que el sol se eleva en el cielo.

Despertar en el momento de Brahmamuhurta es la mejor manera de mantener el cuerpo sano y libre de enfermedad. Los rayos del sol son especialmente más beneficiosos diez minutos antes de la salida del sol, por lo que los que se levantan temprano obtienen el beneficio de los primeros rayos del sol, que también son ricos en vitamina A. Cuando uno se baña en los rayos del sol, absorbe su energía, y se convierte en un ser tan resplandeciente como el sol. Y al igual como el sol es un haz de magnificencia y vitalidad, la persona también empieza a ser el reservorio de energía y resplandor.

Cuando los académicos del oeste aprendieron de la oración de nuestros sabios, "Que yo pueda vivir cien años a partir de hoy", se preguntaron si los Rishis eran seres humanos asustados.¿Se temen de la muerte? ¿O es que quieren vivir mucho tiempo? Sin embargo, los Rishis ni temían a la muerte, ni deseaban vivir mucho tiempo, ni tenían ningún tipo de preocupaciones o inquietudes. Su único objetivo era buscar la existencia desconocida de Brahman. A tal efecto, dos situaciones son esenciales - una es tener un cuerpo sano y el segundo es un lapso razonable de la vida, porque no se puede hacer nada sin la vida y tampoco se puede lograr nada si el cuerpo no es saludable.

Capítulo 4

LA RELAJACIÓN

- Una Necesidad Física, Psíquica y Espiritual -

Esta vida social moderna, que nos mantiene en permanente tensión, hace justamente el trabajo inverso al de la relajación, y esto nos provoca una pérdida de energía superlativa diariamente, desencadenando stress o cansancios extremos donde, tanto la mente como el físico, terminan absorbiendo todo ese desorden. Esta hiperactividad nos lleva a un desequilibrio físico tal que perdemos eficacia en nuestra labor diaria, ralentamos nuestros pensamientos, disminuimos nuestros reflejos y las reacciones más naturales, perdemos sensibilidad, el organismo en general comienza a funcionar mal o, en su defecto, a no funcionar. Miles de consecuencias plagadas de disturbios y anormalidades que nuestro sensible cuerpo físico y agotado cerebro recepcionan inevitablemente.

El stress trajo aparejado un sinfín de modernas enfermedades y aumentó el miedo irracional a niveles extremos en las grandes ciudades, generando desórdenes alimentarios espantosos (el aumento descontrolado de la obesidad, la bulimia y la anorexia son hijas dilectas de este mal), pérdidas de coordinación e insensibilidad general. Por eso, detenernos a tiempo, proponernos unos minutos al día para retomar el control de nuestro ser es una decisión que puede, en algunos casos, salvarnos la vida.

Tenemos que aprender a *recargarnos* de energía, luego del desgaste cotidiano, para volver a equilibrar esas funciones *enloquecidas* por el cansancio. El yoga se acerca a este desordenado ser humano intentando ponerle más calma, y reconectarlo con la paz que había perdido en medio del mundanal ruido. El practicante, entonces, debe adentrarse al yoga como a un ejercicio espiritual en el cual el aspecto físico se consagre al Ser interior.

La Relajación es un estado de calma absoluta, todas nuestras tensiones quedan en total reposo. Es mucho más eficaz que el sueño para descansar, pues está comprobado por investigadores médicos que, mientras dormimos, hay infinidad de *trabajos* que realiza nuestro cerebro y esto provoca permanentes tensiones físicas durante el reposo nocturno. Es decir que podemos dormir durante muchas horas y levantarnos tanto o más cansados que cuando nos acostamos (esto dependerá también del nivel de stress físico o emocional que tenga la persona). Cuando nos relajamos, nos sentimos mucho más descansados en unos minutos de práctica que en muchas horas de sueño. La Técnica de Relajación no sólo colabora para recuperar energía perdida sino para aprender a economizarla.

La Relajación comienza por una actitud espiritual de amarnos, de sentir respeto por nosotros mismos; esa primera instancia nos lleva a tomar el camino necesario para estar mejor.

Preparación Ambiental

El aspecto ambiental para una buena relajación requiere elegir un lugar tranquilo, con luz tenue. Si se considera necesario podemos acompañar los ejercicios con una música suave, asegurarnos de no ser interrumpidos, desconectar el teléfono o dejar bien instalado el contestador automático para que colabore recibiendo nuestros llamados durante ese tiempo. Es indicado realizar estos ejercicios sin haber ingerido antes mucha comida y además llevar ropa suelta.

Cuando practicamos Sawasana, si la habitación no está a una temperatura agradable, tratemos de taparnos con una manta liviana, porque cuando bajamos los decibeles vibratorios, todo comienza a andar muy lentamente dentro de nosotros, generándonos un poco de frío y esto puede interrumpir la atención puesta en la práctica. No debemos realizar el Sawasana cuando estamos demasiado cansados, pues podemos quedarnos dormidos y que no ayudará hacia el objetivo que pretende el yoga, donde tenemos que estar plenamente conscientes de cada cosa que hagamos. Para relajarnos, solamente dejémonos fluir, que el cuerpo vaya encontrando su lugar. Si atendemos constantemente a la respiración, esto será fundamental para lograr una buena relajación. Más que hacer algo para relajarnos, debemos "no hacer nada", precisamente.

Relajación Física: *Sawasana*

La postura básica de relajación es lo que se llama *"Cuerpo Muerto"* o *Sawasana*.

Nos tendemos sobre una superficie plana y firme (siempre es conveniente tener una colchoneta bajo nuestro cuerpo para que no nos moleste el dolor de los huesos apoyados sobre el piso). Separamos las piernas y los brazos en actitud de relax, es decir, no tratemos de evitar la caída hacia los costados de los pies, ni acomodemos los brazos de determinada manera, ellos nos dirán cómo se sienten más cómodos. Las palmas de las manos deben estar hacia arriba. Respiramos tranquilamente, "observamos" nuestra respiración para ser conscientes de ella, lo hacemos lentamente, para lograr una buena oxigenación y calmar el ritmo cardíaco. Pegamos la columna al piso sin forzarla, sin molestar ningún músculo, hueso o articulación.

Cuando nos relajamos no debemos esforzarnos por mantener la boca cerrada, sino todo lo contrario: dejemos que la mandíbula se afloje con el peso natural que le da la relajación. Tratamos de sentir que nuestro cuerpo está muy pesado, que es un cuerpo de cientos de toneladas aplastándose sobre el piso; detrás de cada exhalación "sentimos" que el cuerpo se nos aplasta cada vez más, sobre el piso. Este ejercicio dará una sensación de liviandad y fluidez del cuerpo físico.

Nos quedamos en esta postura, siendo conscientes de que cada parte de nuestro cuerpo físico está distendida y descansando. El pensamiento debería fluir sobre paisajes naturales o sólo reposar en un punto fijo.

Relajación: De La Cabeza A Los Pies

Muchas veces no tenemos el tiempo o no contamos con una adecuada ambientación para practicar la relajación. Podemos intentar entonces distender los músculos y descontracturar ciertas partes de nuestro cuerpo. Presentamos seguidamente esta serie de ejercicios prácticos de relajación para realizarlos en mitad de nuestra labor diaria, al final de la jornada o cuando lo consideremos necesario.

Relajación de la Cara

Arrugamos la frente por tres segundos y descansamos otros tres distendiendo esos músculos, cerramos los ojos fuertemente tres segundos y distendemos por tres segundos, cerramos los labios como pronunciando la U por tres segundos y distendemos tres segundos, estiramos la boca y las mejillas como en una enorme sonrisa por tres segundos y distendemos otros tres, nos frotamos con las manos toda la cara haciendo masajes en los ojos, la frente, las mejillas, la boca, por espacio de diez segundos.

Relajación de Hombros, Cuello y Cabeza

En la zona del cuello, de la espalda y de los hombros acumulamos muchísima tensión durante el día y también, cuando dormimos sin descansar bien -por causa del stress-, haciendo que los músculos de esa zona terminen doliendo por acumulación de energía mal canalizada. Cuando dejamos transcurrir mucho tiempo sin hacer nada para aliviar ese dolor, la molestia puede trasladarse a todas las cervicales, produciéndonos fuertes dolores de cabeza, ya que la tensión que se acumula en el cuello presiona las arterias del cerebro, haciendo que aparezcan las tan molestas migrañas.

No solamente el stress diario es lo que provoca toda esta desarmonía sino también la mala postura: tanto cuando caminamos como cuando nos sentamos o acostamos, siempre es recomendable caminar tratando de mantener los hombros y la cabeza derechos, sin que sea una exigencia y cree más tensión aún. Al contrario, cuando estamos caminando y notamos que lo hacemos ligeramente encorvados, inmediatamente debemos cambiar la posición; cuando repetimos esto por un tiempo, nuestra postura para caminar se habrá compuesto. Estando sentados, la columna debe estar lo más recta posible y si lo hacemos en algún sillón, tratemos de que la parte posterior de la columna (coxis) esté bien apoyada en el respaldo del asiento.

Deberíamos elegir siempre un colchón bien tenso para el descanso nocturno, apoyando toda la columna sobre esa superficie. No obstante eso, es una buena idea tirarnos en el piso durante unos quince minutos todos los días, tratando de que toda la columna toque la superficie del suelo. Esta decisión de caminar y dormir adecuadamente, evitará en gran manera, todos los problemas ocasionados en la zona de espalda, hombros y cuello.

Hombros

Nos sentamos en una silla, tratando de apoyar la columna sobre el respaldo, las manos deben permanecer sobre ambos muslos, con las palmas hacia arriba y en total postura de descanso, la cabeza erguida, la mandíbula relajada (mantener la boca semiabierta, para que la mandíbula caiga o se abra cuando el ejercicio se lo pida), los ojos deben permanecer cerrados y un pensamiento agradable debe acompañar este ejercicio. Recordemos que cada movimiento y postura que hagamos en yoga debe ser consciente, para que no perdamos la atención sobre lo que estamos trabajando específicamente.

Comenzamos a rotar los hombros haciendo círculos, hacia atrás y hacia adelante, descansando unos dos o tres segundos luego de completar cada giro, repetimos este movimiento cinco veces. Ahora los brazos cuelgan a los costados del cuerpo con todo su peso, levantamos los dos hombros como queriendo alcanzar ambas orejas, y los dejamos caer con todo su peso, hacemos esto cinco veces y repetimos alternando los dos ejercicios, tres veces...

Luego -y sólo luego de haber realizado ese ejercicio- pasamos a la rotación de cuello y cabeza.

Cuello y Cabeza

Continuamos manteniendo la columna bien erguida, las manos siguen descansando sobre los muslos, la mandíbula relajada, los ojos cerrados y un pensamiento abierto y positivo debe llenar nuestra mente. La cabeza cae hacia adelante y desde allí comenzamos a rotarla, cuando cae hacia atrás dejamos que la boca se abra todo lo necesario, tratamos que los hombres pasen lo más cerca posible de las orejas, cuidando de no levantarlo; Si sentimos algún dolor, nos detenemos, hacemos pequeños masajes en la zona dolorida y continuamos; si el dolor persiste, dejamos descansar los músculos y reiniciamos la tarea al día siguiente. Si oímos sonidos de vértebras que se acomodan, eso no está mal, seguimos adelante. Hacemos este ejercicio unas tres veces en cada sentido, para que la cabeza y el cuello logren elongarse bien. Para finalizar: ladeamos la cabeza de un lado a otro de los hombros, con el fin de estirar bien esa zona del cuello, lo hacemos cinco veces para cada lado.

Relajación de la Espalda

Nos sentamos en el piso con las piernas extendidas, la columna un tanto inclinada hacia adelante, tomamos los tobillos (o lo más cerca a ellos que podamos alcanzar) en posición relajada.

Inspiramos y comenzamos a inclinarnos lentamente hacia adelante mientras las manos se deslizan buscando los pies y lentamente vamos expulsando el aire.El objetivo es poner todo el peso sobre la espalda, nos quedamos unos cinco segundos agachados y volvemos a la posición inicial inspirando nuevamente. Recordemos que cuando nos inclinamos hacia adelante la cabeza cae con todo el peso que necesita; si la espalda queda tensionada, el ejercicio no logra su objetivo totalmente. Reiteramos el ejercicio cinco veces.

Relajación de Brazos, Manos, Piernas y Pies

Las manos y los pies son nuestro "cable a tierra" de la energía nerviosa que necesitamos liberar cada día, ellos están en permanente tensión sin que lo notemos. Antes de acostarnos es necesario practicar estos ejercicios para relajarlos. También los brazos están en permanente tensión como catalizadores de cientos de problemas. Los ejercicios que ahora describiremos deberán realizarse preferentemente de pie. Si esto no es posible por impedimentos físicos, buscamos la manera de adaptarlos para realizarlos con otras posturas.

Manos y Brazos

Con los ojos cerrados y la cabeza derecha, los pies descalzos o con medias de algodón, separamos ligeramente las piernas.

Los brazos cuelgan a los costados del cuerpo, comenzamos tensionando firmemente las manos, abriéndolas y estirando los dedos a su máxima extensión, relajamos rápidamente, luego las sacudimos para distender; repetimos esto cinco veces. Hacemos lo mismo con los brazos, los estiramos y tensionamos todo lo que podamos y distendemos para sacudirlos, reiteramos cinco veces.

Piernas y Pies

Para relajar las piernas reiteramos la misma tensión en ellas que en los anteriores ejercicios, luego relajamos y sacudimos las piernas, lo repetimos cinco veces.

Para el ejercicio de los pies, si no podemos mantener el equilibrio, nos sostenemos de una silla o de una mesa; otra manera de mantener el equilibrio es llevando nuestros brazos a la cintura. Levantamos y bajamos la punta del pie derecho (sin separarlo mucho del piso) cinco veces, hacemos lo mismo con el otro pie, luego hacemos círculos de izquierda a derecha y de derecha a izquierda, repetimos cinco veces. Para finalizar, sacudimos los pies.

Cuando finalizamos esta serie de ejercicios de Relajación física, nos paramos con las piernas separadas, los brazos a los costados, inspiramos tensionando todos los músculos del cuerpo (*de la cabeza a los pies*) por espacio de tres segundos y luego los relajamos exhalando el aire con fuerza, repetimos esto tres veces.

Mejora la circulación sanguínea y la oxigenación de la piel: Al tonificar y fortalecer los músculos del rostro, el yoga facial puede mejorar la circulación sanguínea y la oxigenación de la piel. Esto puede ayudar a prevenir la aparición de arrugas y mejorar la apariencia general de la piel.

Reduce la aparición de arrugas: Al fortalecer los músculos del rostro, el yoga facial puede ayudar a mantener la piel tersa y suave, lo que puede reducir la aparición de arrugas.

Alivia el estrés y la tensión facial: El yoga facial también puede ayudar a aliviar el estrés y la tensión facial, lo que puede mejorar la apariencia general del rostro.

Mejora la elasticidad de la piel: Al fortalecer los músculos del rostro, el yoga facial también puede mejorar la elasticidad de la piel, lo que puede ayudar a prevenir la aparición de arrugas.

Mejora la circulación sanguínea: Los ejercicios de yoga facial pueden mejorar la circulación sanguínea en el rostro, lo que puede ayudar a mejorar la apariencia de la piel y a prevenir la aparición de arrugas.

Ayuda a aliviar el estrés y la tensión facial: Al hacer ejercicios de relajación y respiración durante la práctica de yoga facial, puedes ayudar a aliviar el estrés y la tensión facial. Esto puede mejorar la apariencia general de tu rostro y hacerte sentir más relajado y en paz.

Mejora la elasticidad de la piel: Al tonificar los músculos faciales y mejorar la circulación sanguínea, el yoga facial puede ayudar a mejorar la elasticidad de la piel y a prevenir la flacidez.

Puede ayudar a tratar problemas de la piel: Algunos ejercicios de yoga facial pueden ayudar a tratar problemas de la piel como el acné y el eczema. Al mejorar la circulación sanguínea y la eliminación de toxinas, el yoga facial puede ayudar a mejorar la apariencia de la piel.

Capitulo 5

Ramas del Yoga

Sinopsis

Hay un total de seis ramas de yoga que puedes adoptar y en este

capítulo, les contaré sobre todas esas 6 ramas en detalle.

Hatha yoga

Bhakti yoga

Raja yoga

Jnana yoga o yoga de la mente

Karma yoga

Tantra yoga

Los tipos

Como mencioné anteriormente, el Yoga se originó en los indios y es un arte antiguo con muchas habilidades y complejidades involucradas. Si lo crees

El yoga se trata simplemente de colocar tu cuerpo en posiciones difíciles, entonces, estás

equivocado porque hay diferentes ramas del yoga que se enumeran

abajo.

Hatha Yoga

El hatha yoga también se llama yoga de posturas y es la rama más famosa de

yoga en el oeste que debes haber visto. En esta rama, el cuerpo se retuerce en

diferentes posturas difíciles y fáciles. El énfasis básico de esta rama es

lograr la paz a través de ejercicios físicos, técnicas de respiración y

mediación. El propósito básico de esta rama del yoga es lograr una mejor salud.

junto con la espiritualidad.

Esta es también la rama más fácil porque no lleva demasiado tiempo

de su ajetreada rutina y puede aprender y dominar este arte junto con

tu trabajo diario. Puede ajustar fácilmente su horario para practicar y su

La rutina diaria no se verá alterada con esta rama de yoga.

Bhakti Yoga

El bhakti yoga no es muy popular en occidente pero es la rama más practicada

del yoga en la India. Esto implicaba espiritualidad más que gestos físicos y

gira en torno al corazón y lo divino. Tienes que elegir un camino que se adapte escuchas más deseos y luego tienes que ver todo y a todos por ese camino. El bhakti yoga te permite desarrollar tu fe en

algo y llevan esa fe a ese nivel donde puede decirte

forma exacta de atrapar.

Raja Yoga

Raja yoga también se llama yoga de autocontrol. Aunque el autocontrol es

característica de casi todas las ramas del yoga, pero esta rama paga especial

atención al autocontrol. La mayoría de las personas que practican esta rama de

el yoga son miembros de cierto prestigio religioso. Raja yogi lo ve como central

y respeta todo lo que le rodea. El paso básico para dominar el autocontrol es permitir que te descubran. El aprendizaje de la disciplina es la característica básica del raja yoga y si tu vida es distraído e indisciplinado, debes practicar el raja yoga para ganar control de su vida y hacerla más disciplinada. Jnana Yoga o Yoga de la mente Jnana yoga, que también se llama yoga de la mente, se ocupa principalmente de los cerebro y tiende a controlar la inteligencia de las personas. En esta gente de yoga aprender a integrar la sabiduría y el intelecto y con la combinación de estos dos, intentan crear un momento perfecto en su vida cuando nunca logran

decisiones equivocadas. Las personas que practican jnana yoga son de mente muy abierta y siguen aprendiendo sobre otras religiones, profesionales, con el fin de expandirse su conocimiento, ya que creen que expandir el conocimiento expande su fuerza mental e intelectual. Karma yoga Karma yoga cree que puedes mejorar tu futuro haciendo amabilidad

y actos desinteresados en el presente. También cree que si tu presente es Entonces, incierto y difícil, es el resultado de tus acciones pasadas. Los yoguis, que practican karma yoga, ayudan desinteresadamente a otras personas con el fin de asegúrese de que su amabilidad hacia otras personas hará que su futuro sea mejor sitio. El karma yoga cambia todo su concepto del bien y el mal que cambia su alma interna y los convierte en una mejor persona con una brillante destino. Tantra yoga El tantra yoga es el yoga de los rituales, pero la mayoría de las veces; es mal entendido por muchas personas porque lo renombran como yoga sexual. El sexo es solo otra parte de este yoga, pero esto no se trata solo de tantra yoga. Yogis que practican tantra El yoga posee ciertas cualidades como pureza, humildad, devoción, dedicación a

su Gurú, el amor cósmico y algunos otros. Estas son todas las ramas del yoga, pero también hay algunos conceptos erróneos. hay sobre el yoga, por ejemplo, algunas personas dicen que el yoga es una religión, pero es no. El yoga es solo una forma de mejorar tu vida e integrar la paz en tu vida. Te ayuda a lograr una vida mejor con más control sobre tu mente, pensamientos y acciones. El yoga también se toma como un ejercicio para mantener tu ajuste del cuerpo que es cierto hasta cierto punto, pero no es todo el concepto de yoga. El ejercicio y la salud física son solo una pequeña parte del yoga, pero el objetivo más alto del yoga es mucho más sagrado e importante.

Capítulo 6

Comenzando con el yoga

Si eres nuevo en el yoga, puede ser abrumador saber dónde empezar. Aquí hay algunos consejos para ayudarte a empezar:

1.Encontrar el estilo de yoga adecuado para usted: Hay muchos estilos diferentes de yoga, cada uno con su propio enfoque y nivel de intensidad. Algunos estilos populares incluyen Hatha, Vinyasa, Ashtanga y Restaurativo. Es importante encontrar un estilo que se alinea con sus objetivos e intereses. Por ejemplo, si está buscando una práctica más suave, el yoga restaurativo puede ser un buen ajuste. Si usted está buscando un entrenamiento más riguroso, Vinyasa o Ashtanga yoga pueden ser mejores opciones.

2.Equipo necesario: No necesita mucho equipo para comenzar a practicar yoga, pero hay algunos elementos básicos que pueden hacer que su práctica sea más cómoda y segura. Una alfombra de yoga es esencial para proporcionar una superficie no deslizante y una almohada para sus articulaciones. Dependiendo del estilo de yoga que elija, también puede necesitar complementos como bloques, cintas o reforzadores. Estos pueden ayudarle a modificar las posturas y hacerlas más accesibles.

3.Establecer un espacio de yoga: Tener un espacio dedicado para su práctica de yoga puede ayudarle a mantenerse enfocado y motivado. Elige una zona tranquila y libre de trastornos en tu hogar donde puedas rodar tu alfombra y practicar sin distracciones. Considere agregar algunos elementos calmantes como velas, plantas o un difusor para crear una atmósfera pacífica.

4.Consejos para principiantes: Iniciar una nueva actividad puede ser intimidante, pero recuerde que todos empiezan en algún lugar. Aquí hay algunos consejos para ayudarte a empezar:

Comience con una clase de principiante o vídeo para aprender los básicos.

No te compares con los demás en la clase o en las redes sociales. El cuerpo de cada uno es diferente, y el progreso requiere tiempo.

Escuche a su cuerpo y modifique las posturas según sea necesario. Nunca te empujes hasta el punto de dolor o malestar.

Respirar profundamente y concentrarse en el momento presente. No te preocupes por el pasado o el futuro.

Practicar de forma consistente, incluso si es solo por unos minutos al día. La coherencia es clave para ver el progreso.

Al seguir estos consejos y encontrar un estilo de yoga que funcione para usted, estará en su camino hacia una práctica satisfactoria y agradable.

LOS DOS TIPOS DE RESPIRACIÓN

Nasal, cuando se intenta inhalar con mayor intensidad, hay personas que tensiones las aletas de la nariz, endurecen los músculos del rostro y fuerzan una entrada del aire, que se bloquea por el mismo esfuerzo, el resultado es mucha tensión y escasa entrada de aire al pulmón.

Traqueal, en todo ejercicio es recomendable que la entrada y salida del aire sea por la nariz, pero como si tragáramos el aire desde la tráquea, con lo cual las aletas de la nariz se dilatan y con poco esfuerzo, entra una buena dosis de aire.

LAS CUATRO FORMAS

Abdominal, Al tomar el aire se ensancha el abdomen y soltando aire se contrae, haciendo trabajar el diafragma, la capacidad pulmonar se llena y vacía con mucha mayor efectividad, exponiendo una mayor cantidad de alvéolos pulmonares al intercambio con el aire, ventilando mejor el pulmón.

Costal, las costillas flotantes, son las que adquieren ahora mayor movilidad, ensanchando la caja torácica.

Clavicular, forma común de respirar donde se ensancha ligeramente la parte superior del pecho y ascienden un poco las clavículas.

Completa, como su nombre indica se trata de armonizar de forma sucesiva de abajo arriba y de arriba abajo las tres modalidades anteriores, desarrollando dominio sobre la respiración y puesta a punto de los músculos que facilitan la respiración.

LOS 4 TIEMPOS DE LA RESPIRACIÓN

El estudiante comenzará por distinguir y dar tiempos proporcionales a:

La inhalación, la cual guarda relación con todas las funciones físicas.

La retención con el aire dentro, facilitando el control de las emociones.

La exhalación, momento en el que el torbellino de

la mente pude ser aquietado mejor.

La retención sin aire, provoca un estado de vacío, capaz de adentrarnos a una diáfana experiencia de estar unidos con todo, apreciando una inmejorable quietud de espíritu.

GEOMETRÍAS

A los tiempos anteriores se aplicarán las siguientes geometrías: 1. Circular, cuando el aire entra y sale sucesivamente de forma continua o sin retenciones intermedias. Triangular, se toma aire, se retiene dentro y se expulsa. 3. Triangular invertida, tomar aire, expulsarlo y quedarse sin aire. 4. Cuadrada, mantener una constante de tiempos iguales con la entrada, retención dentro, salida y retención sin aire. 5. Rectangular, los tiempos de entrada y salida del aire son los mismos, las retenciones dentro y fuera del aire son iguales,

ejemplo 7 pulsos tomar aire, 4 retener, 7 soltar y

4 quedarse sin respirar.

Irregular condicional, buscar los ritmos que en cada momento de la respiración sean más cómodos para uno y mantenerlos constantemente, iniciando alargamientos proporcionales en la medida que tengamos mayor entrenamiento y capacidad, sin excederse nunca más allá de las propias posibilidades, generando ansiedad.

Para mantener un ritmo constante en la respiración, la podemos sincronizar con los latidos del corazón, de modo que por ejemplo contemos 5 pulsaciones al tomar el aire, 7 manteniéndolo dentro, 9 al soltarlo y 3 quedarse sin aire, el ritmo se adecuará a las posibilidades del practicante.

PRACTICA de PRANAYAMA

El *sonido de la respiración:* El aire al pasar por la traquea, produce un sonido similar al batir de las olas, cuando rompen sobre el acantilado, (Shooo...- Hammm...) toda la atención está absorta en el sonido, provocando un primer contacto con la respiración, clarificando el estado de ánimo

Cuando hay hiperactividad, ansiedad y otras alteraciones producidos por una excesiva energía desatada, esta práctica es óptima para restablecer el equilibrio, consiste en tomar aire por ambas fosas y seguidamente tapar la derecha, expulsando sólo por la izquierda.

Surya Bhedana: Si falta vitalidad hay cansancio o depresión optar por el siguiente ejercicio: tomar aire por la fosa derecha, mantener brevemente y expulsar por la izquierda.

Nadi Sodana: Después de cualquier manipulación energética, para asegurar el equilibrio realizar la respiración alterna, del siguiente modo: tomar por la fosa derecha, detener, soltar por la izquierda, volver a tomar por la izquierda, detener y soltar por la derecha, completado el ciclo, se inicia otro de igual manera.

Kapalabhati: Se traduce como dar lustre al cráneo, su práctica es efectiva en este sentido; la sensación es similar a una ducha de la mente, que se aclara y queda en una agradable disposición de ingravidez frescor y ligereza, para su ejecución se emplea el diafragma, que con intensidad se mueve como si fuera el fuelle de la fragua de un herrero. Los cinco ejercicios anteriores pretenden relajar, centrar la energía, la disposición de ánimo y la mente, de modo que el camino del medio se despeje y la consciencia sin mayores obstáculos, progrese de lo denso a lo sutil.

Bhastrika A la práctica de Kapalabhati, se le añaden retenciones de aire, bhandas y ciertas atenciones mentales.

Murch'ha A lo anterior se añade, la obstrucción

de todos los orificios del cuerpo. Estos dos últimos ejercicios, no se describen, pues han de ser practicados bajo la atenta mirada de un profesor experimentado o un maestro, para evitar cualquier posible riesgo.

PRANAYAMAS MENORES

SITALI con la lengua en U y entre los labios, o la boca en O, aspirar el aire por la boca y soltarlo por la nariz, cuando el calor interno es intenso, con esta práctica se elimina.

BRAMARI, tomar el aire por las fosas nasales y al soltarlo por ellas, provocar un sonido similar al zumbido de una abeja, haciendo vibrar por dentro el cuerpo y la cabeza, provoca un agradable descanso a la mente, cuando está muy agitada.

Capítulo 7

Dimensiones del Ser Humano

Hay personas que se reconocen simplemente con el cuerpo físico, otras piensan que son cuerpo y mente, otras más se conciben como cuerpo, mente y espíritu. Conforme lo que he investigado, el ser humano se puede pensar como un conjunto del cuerpo físico y varios campos electromagnéticos alrededor, para cuestiones de este libro por su conexión con la práctica del Yoga, considero al ser humano en 5 cuerpos o dimensiones:

Física:

cuerpo físico, compuesto por huesos, órganos, músculos, piel. Tiene masa, peso y volumen. Es la parte material del ser humano. Cuida tu cuerpo como un tesoro, el estar sano te permite disfrutar de una vida plena. El cuerpo sirve como recipiente de emociones, creencias y patrones, fuertemente anclados en el inconsciente. La vibraciones como los pensamientos y las emociones su estado es menos denso que el cuerpo por lo que son mucho más rápidos en actuar, por lo que las emociones y pensamientos positivos tienen un alto poder para curar nuestros cuerpos físicos.

Mental:

está compuesto pensamientos conscientes, subconscientes e inconscientes, estos pensamientos en más del 95% son subconscientes y rigen nuestra manera de actuar, a partir de un pensamiento, se genera una emoción y en consecuencia una acción o no acción.

Emocional:

sentimientos que elegimos experimentar por un periodo prolongado, derivan de un pensamiento.

Espiritual

es la conexión con la divinidad, es la parte *espiritual* del *ser* humano, es lo que nos hace semejantes con Dios (energía creadora).

Consciencia:

el *darte cuenta* de las acciones que realizas y elegir crear en lugar de reaccionar a cada momento. El Yoga trata sobre una experiencia profunda de ti mismo(a), como actúas en el tapete, así actúas en la vida, por lo que la práctica de asanas nos permite hacer conscientes nuestras actitudes y características que nos negamos a ver en nosotros a la vez que nos da la oportunidad de trabajarlas.

Cada una de estas dimensiones es necesario nutrirla, cuidarla y cultivarla porque son la manifestación absoluta de nuestro ser.

Capítulo 8

4 estados durante una sesión de Yoga

Sócrates, filósofo griego, dijo "conócete a ti mismo", en el sentido griego, una persona que se conoce a sí misma es alguien capaz de gobernarse a sí misma. La principal necesidad de una persona es el autoconocimiento, conocer sus fortalezas, sus limitaciones, comprenderse, aceptarse, conectar con su esencia, y así orientar su vida. Yoga tiene el poder del autoconocimiento a través de la observación, durante la práctica comienzas por observar tu cuerpo, observas tu mente (pensamientos), tus sensaciones (emociones) y vas despertando tu consciencia al llevar lo que aprendes en la clase a la mejor postura que puedes tener: tu postura ante la vida (actitud).

Estado del cuerpo:

siente cada parte de tu cuerpo, desde tu cabeza, tu cuello ¿hay tensión?, tus hombros ¿están relajados o contracturados?, tu pecho ¿está abierto?, tu espalda ¿hay dolor?, tus caderas ¿cómo las sientes?, tus piernas ¿están cansadas?, y tus pies ¿cómo los sientes?

Estado de la mente:
yoga es meditación en movimiento, por lo que durante la práctica si te concentras en sentir tu cuerpo puedes centrarla en el momento presente y liberarla de pensamientos.

Estado de las emociones:
reconoce tus sensaciones, todo lo que puedes percibir a través de tus sentidos, ¿qué posturas te causan miedo, enojo, ansiedad, etc.? ¿qué te dice de ti? Por ejemplo, las posturas invertidas, específicamente las que comprimen la garganta, como halasana, salamba sarvangasana, pueden

producir ansiedad por el poco espacio que queda para respirar, algunos maestros de Yoga comentan que acortar la respiración es una experiencia que nos lleva a la sensación de morir.

Dharma:

la misión de vida que tenemos es ser felices y servir a los demás desde el ámbito de nuestros talentos, cada quién es único.

Capítulo 9

LAS TÉCNICAS

Entre las principales técnicas de yoga encontramos: el *HATHA YOGA*, el *PRANA YOGA*, el *RAJA YOGA*, el *NANA YOGA*, el *BHAKTI YOGA* y el *KARMA YOGA*. El principal objetivo de cada una de ellas es establecer una conexión energética integral para alcanzar la conciencia plena de ser; la primera manifestación de estar yendo por este camino se produce cuando experimentamos "paz espiritual". Las técnicas de más trascendencia son Hatha, Prana y Raja yoga, En estas últimas nos concentraremos en este libro. Eso no significa que sean las más importantes, pues en el yoga las diferentes técnicas son complementarias.

NANA YOGA: es el yoga del conocimiento, "perder la identificación con el Yo es hallar la verdadera identificación con el Yo": todo se resume en un solo cuerpo, un solo estado donde se guarda la naturaleza divina de nuestro ser.

BHAKTI YOGA: es el yoga de la devoción, del amor en total entrega con la Unidad Universal. Los mantras y las oraciones devocionales son los caminos que usan los adeptos para esta entrega.

KARMA YOGA: se basa en el principio de la camaradería y la fraternidad; éste es el modo de vida que adoptan como símbolo de una vida alejada de la identificación material. El desapego y la solidaridad son las más fieles expresiones de este yoga.

Relajación Emocional y Psíquica

Todo se trata de nuestra actitud", en ella está toda la alegría o la depresión, toda la energía positiva o desarmónica. En nuestra actitud se gestan: las tensiones, el stress, las enfermedades, la felicidad, la paz, la alegría. *El ejercicio que debemos practicar consiste en "Una Actitud Positiva Ante La Vida".* Cómo es esto?:

Cada día está lleno de sorpresas, y muchas de ellas (tanto las positivas como las negativas) llevan un signo de inevitabilidad; solamente debemos observar *nuestra actitud* y vamos a "saber por anticipado" qué final tendrá cada hecho en nuestra vida.

Levantarnos por la mañana con buena predisposición, tomando una buena ducha, luego un desayuno frugal, recapacitando sobre la maravillosa posibilidad de estar vivos, de poder intentar hoy otra vez lo que ayer no nos salió bien, creer que esa dolencia que nos molesta puede revertirse si el alma se viste de fiesta desde la mañana a la noche, sabiendo que la vida no está llena de luces y risas a cada instante, sino que la vida está formada por luces y sombras. Estas actitudes son indispensables para mantenernos relajados emocionalmente.

Debemos tener la humildad necesaria para reconocer y comprender cada hecho, sin pensar que serán para siempre: ni la inmensa felicidad ni la enorme tristeza.

Una manera *sabia* de tomar cada hecho de nuestra vida, es diciendo: "esto también pasará", de esta manera, no nos apegamos a las cosas buenas, sino que las disfrutamos en tanto y en cuanto están sucediendo, respecto a las malas, también alejamos la idea de que será para siempre.

Cada pensamiento creará la *actitud* que permitirá que nuestro día sea una nueva enseñanza en esta escuela a la que damos en llamar: *vida*. Intentar ser comprensivos con nuestros errores, esperanzados en el milagro de mañana. Tener una *Actitud Positiva* no nos cuesta nada o, por lo menos, nos cuesta lo mismo que una actitud negativa.

Comencemos por "tratarnos bien", por comer lo suficiente (y sólo lo que no nos daña), vestir cómodamente -no la preferencia de los otros-, tomarnos el tiempo para leer, o pasear, o pensar, regalarnos un tiempo a nuestra vida, para el necesario relax.

Insistir, insistir cada día, pues no es que siempre nos gana la tristeza o lo negativo, es que no insistimos con una *Actitud Positiva* ante cada cosa que no nos sale bien, nos dejamos caer en esa energía oscura del fracaso o el error.

Por cada actitud negativa deberíamos insistir con dos actitudes positivas: es una fórmula que funciona siempre bien.

Esta manera de encarar la vida nos lleva a una maravillosa Relajación Emocional y Psíquica "y es el único ejercicio que debemos comenzar por la mañana y finalizarlo justo antes de dormirnos".

Capítulo 10

Conceptos básicos del yoga para principiantes

Sinopsis

Aprenderás algunas cosas y técnicas básicas de yoga y si nunca lo has hecho

intentado hacer ejercicios de yoga antes de esa fecha, puede empezar desde aquí.

- Elegir una clase de yoga adecuada
- El compromiso es necesario
- Intenta encontrar placer y diversión en las clases de yoga
- Verifique su estado de salud física
- Concéntrate solo en ti mismo
- Decídase por los ejercicios físicos y mentales

El principio

Si planeas comenzar a practicar yoga, debes conocer

ciertas cosas y, de hecho, si lo dice con más precisión, hay 6

cosas que debes saber. Estas cosas se enumeran a continuación y léalas

cuidadosamente para la correcta implementación de los ejercicios y técnicas de yoga.

Verifique su estado de salud física

Esto es algo básico que debe saber sobre su capacidad física. Aunque el comienzo

El trabajo del yoga no será muy difícil y cualquiera puede ejecutarlo perfectamente pero

a medida que pase el tiempo y vayas avanzando en estas técnicas, estas te mantendrán

cada vez más duro.

Para adoptar correctamente el yoga, debes hacerte un chequeo físico antes de comenzar con el yoga y asegúrese de no ejecutar ninguna técnica

lo que tu cuerpo no te permite hacer. En este chequeo físico, si

averigüe que tiene cierto trastorno o debilidad en algún músculo, entonces,

puede cambiar su rutina en consecuencia.

Concéntrate solo en ti mismo

Cuando te unes a ciertas clases de aprendizaje de yoga, te encontrarás con

rango de personas y algunas de ellas estarán muy por delante de usted en la práctica

yoga, pero esto no debería desanimarlo de su causa, tome estos

las clases como área de desarrollo personal donde todos son responsables de él

o ella misma. Si alguien está por delante de ti, significa que ha practicado más que tú y no porque él o ella sea mejor que tú. Así que concéntrate en

solo usted mismo y asegúrese de estar en el camino correcto.

Decídase por los ejercicios físicos y mentales Algunas personas tienen la idea errónea de que el yoga tiene que ver con lo físico. ejercicio, pero esto no es del todo cierto porque el yoga se trata de practicar ejercicios también. Siempre tendrás que prepararte para eso y

creen en el hecho de que el yoga es aproximadamente un 50 por ciento físico y un 50 por ciento

resistencia mental. Es crear una armonía entre tu mente y tu

cuerpo. Esta armonía necesitará algo de lucha y trabajo duro para lograrla.

Elegir una clase de yoga adecuada

Hay diferentes técnicas disponibles para ejecutar en yoga y necesitas

para seleccionar uno que se adapte a su estado de ánimo. Hay técnicas como respirar

técnicas, ejercicios mentales e incluso en algunos casos, también se utiliza la risa

para aumentar la fuerza. Debe investigar sobre todas estas técnicas y seleccionar la

que creas que es más interesante para ti y lo harás desde tu

corazón. Nunca elija su técnica de yoga mirando a su amigo porque

él o ella pueden tener un interés diferente y esto puede llevarlo al desánimo.

El compromiso es necesario El compromiso es muy necesario en el yoga como cualquier otro plan de ejercicios porque si sigues cambiando la técnica o sigues perdiendo las clases, entonces, perturbará todo el horario y en lugar de brindarle alivio y relajación, esto puede llevarlo a un nivel físico desequilibrado que puede ser peligroso. Para aprovechar al máximo el yoga, debes estar muy coherente con su enfoque. Trate de encontrar placer y diversión en las clases de yoga Esto es lo más importante para que su práctica de yoga sea muy fructífera y efectivo que necesita disfrutar de sus clases de yoga en lugar de tomarlas como carga y forzándote a bajar y practicar, deberías divertirte actitud y debes esperar a que estas clases comiencen a lo largo del día. Este enfoque puede cambiar todo el efecto de la práctica del yoga y puedes ver los resultados al adoptar este enfoque.

Capítulo 11

Cualidades de los Chakras

Centro raíz

Asentado en la base de la columna vertebral.

El efecto de la fijación de la energía en este centro se manifiesta por el deseo de mover las piernas, ya sea bailar, correr, etc.

El elemento de este chakra está manifestado por la solidez y es simbolizado por la tierra.

La tierra nos da la cualidad de resistencia y de lo sólido. En este nivel se tiene la experiencia de seguridad y satisfacción. Está ligado al sentido del olfato.

Mula: significa raíz y Adhara soporte

- Arquetipo: Sangre, suelo, arraigo, madre tierra
- Deje que las yemas de los dedos pulgar e Índice se toquen. Concéntrate en el Chakra Raiz en el punto entre los genitales y el ano.
- Nota musical y entonación del bija: *Do*
- Entona el Sonido: *LAM.*
- Animales asociados a este Chakra: El elefante blanco, el toro y la serpiente.
- Astro: Saturno.
- Aromas asociados: Rosa, Jazmín, Clavo y Sándalo
- Sonido asociado: Tambores

Mudra:

Centro sacral

Se halla en la columna vertebral, en el nivel sacro.

En este nivel tenemos la experiencia de lo líquido, y su elemento es el agua.

El desarrollo de este Chakra está ligado con la madurez sexual. Este centro está relacionado con los líquidos del cuerpo, como la orina y el semen.

La insuficiencia de este elemento produce enfermedades como la artritis, endurecimiento de las articulaciones, artrosis.

Está ligado al sentido del gusto.

Swa: significa lo que es y le pertenece al yo, Dhistana significa su lugar real.

Animales asociados a este Chakra: El pez y el Cocodrilo

Astro: Luna

Aromas asociados: Bergamota, Sándalo, Vainilla, Almendra

Sonido asociado: Agua en movimiento, lluvia

Arquetipo: La mujer atractiva

Coloque sus manos en su regazo, las palmas hacia arriba, una encima de la otra. La mano izquierda es la que queda abajo y su palma toca la parte de atrás de los dedos de la mano derecha. Las puntas de los dedos pulgares se tocan suavemente.

Concéntrate en el Chakra Sacro, en el hueso.

Nota musical y entonación del bija: *Re*

Sacro. Entona el Sonido: *VAM*.

Mudra:

Centro solar

Se localiza en la columna vertebral, al nivel del plexo solar.

En este nivel se manifiestan experiencias de calidez y jovialidad.

Este Chakra es la sede del fuego en nuestra naturaleza.

De este Chakra deriva el sentido de la vista.

El desarrollo de este centro está ligado con el óptimo estado de ánimo. Todo se ve luminoso y con vida.

Mani: significa joya, Pura: ciudad.

Animales asociados a este Chakra: Carnero y León

Astro: Marte y Sol

Aromas asociados: Limón, Lavanda, Romero

Sonido asociado: Música reposada de tiempo uniforme

Arquetipo: El líder, el conquistador, el monje soldado.Coloca tus manos más abajo de tu estómago, un poco por debajo de tu Plexo Solar. Permite que los dedos se unan en su parte de arriba, todos apuntando hacia afuera de ti. Cruza los pulgares. Es importante estirar los dedos.

Concéntrate en el Chakra del ombligo.Nota musical y entonación del bija: *Mi*Entona el Sonido de.

Mudra:
Centro del corazón

Localizado en la columna vertebral a nivel del esternón.

Experimentamos las cualidades de airosidad, movilidad, suavidad y ligereza. Está representado por el elemento aire.

Está relacionado con el sentido del tacto, o sea la experiencia de la relación.

Similar al resto de los Chakras, en exceso, su manifestación se convierte en defecto.

El exceso de energía se manifiesta como exceso de simpatía y ansiedad.

Significado: Imbatido

Animales asociados a este Chakra: Antílope, Paloma

Astro: Venus

Aromas asociados: Rosa, menta, almizcle

Sonido asociado: Música sagrada

Arquetipo: El sacrificio

Sentado con las Piernas cruzadas. Deja que las puntas de tus dedos Índice y pulgar se toquen. Coloca tu mano Izquierda en tu rodilla Izquierda y tu mano derecha en frente de tu parte baja de tu esternón (es un poco más arriba de tu
Plexo Solar)

Concéntrate en el Chakra del corazón en la espina dorsal, al nivel del corazón.

Nota musical y entonación del bija: Fa Entona el Sonido.

Mudra: Centro de la garganta Se ubica a nivel de la garganta.

Experimentamos la cualidad de espacio. Su elemento es el éter. El éter es considerado por los alquimistas como la quinta esencia.El sentido del oído deriva del elemento éter.Cuando en el más absoluto silencio, aún escuchamos un sonido (el sonido del silencio), se está manifestando el quinto Chakra.

Significado: Puro

Animales asociados a este Chakra: Elefante blanco de múltiples colmillos

Astro: Mercurio

Aromas asociados: Mirra, lila, eucalipto

Sonido asociado: Música cantada

Arquetipo: El mensajero, el músico, el trovador

Cruce sus dedos dentro de sus manos, con los pulgares para afuera. Deje que los pulgares se toquen en la punta, y empújelos suavemente hacia arriba.

Concéntrese en el Chakra de la garganta en la base de la garganta.

Nota musical y entonación del bija: *Sol*

Entone el Sonido.

Mudra: El centro de las cejas

Este Chakra, localizado en un punto de la frente, aproximadamente entre las cejas, tiene por función, como su nombre lo indica (Ajna), de mandar.

A partir de este nivel, podremos controlar a nuestro ser inferior y superior e incluso las voluntades de otras personas. Es la sede de la mente.

Significa: Mando

Animales asociados a este Chakra: Lechuza y mariposa

Astro: Neptuno

Aromas asociados: Lavanda, menta, jazmín

Sonido asociado: Música mística

Arquetipo: El ermitaño, el profeta, el vidente

Ponga sus manos en frente de su parte baja de su Pecho. Los dedos del medio estarán estirados y se tocarán en la punta, apuntando hacia adelante de usted. Los otros Dedos estarán doblados y se tocarán en los Nudillos. Los pulgares apuntaran hacia uno mismo y se tocaran en las puntas. Concéntrate en el Chakra del Tercer Ojo

Nota musical y entonación del bija.

Mudra: centro de la corona

Está situado en la parte superior de la cabeza, en correspondencia con la posición de la glándula pineal. Es la sede de la energía superior.

Esta vibración ha sido representada a menudo por los artistas como un halo que rodea la cabeza de personas santas o muy evolucionadas.

En el plano mental, tenemos la experiencia de las imágenes o impresiones del pensamiento objetivo que surgen de la mente. En el nivel espiritual solo está la experiencia de *yo soy*.

En este plano, el ser humano burdo se comporta como un niño, admirándose y deleitándose con cosas que para otros quizás resulten tontas. Parece ignorante y distraído. Más su espíritu está simplemente en armonía con el universo.

Significa: Lo que no es

- Animales asociados a este Chakra: Elefante y águila
- Astro: Urano
- Aromas asociados: Loto
- Sonido asociado: El silencio
- Arquetipo: El iluminado, el sol, la cruz swástica

Coloca tus manos frente a tu estómago. Deja que el dedo chiquito (Meñique) apunte hacia arriba, tocándose en sus puntas. Cruza el resto de los dedos, con el pulgar Izquierdo por debajo del derecho.

www.ingramcontent.com/pod-product-compliance
Lightning Source LLC
LaVergne TN
LVHW010550070526
838199LV00063BA/4927